Ernst Probst

Melina Mercouri - Der Star aus "Sonntags ... nie!"

GRIN Verlag

Bibliografische Information der Deutschen Nationalbibliothek:

Die Deutsche Bibliothek verzeichnet diese Publikation in der Deutschen National-
bibliografie; detaillierte bibliografische Daten sind im Internet über http://dnb.d-
nb.de/ abrufbar.

Impressum:

Copyright © 2012 GRIN Verlag, Open Publishing GmbH
Druck und Bindung: Books on Demand GmbH, Norderstedt Germany
ISBN: 978-3-656-15139-5

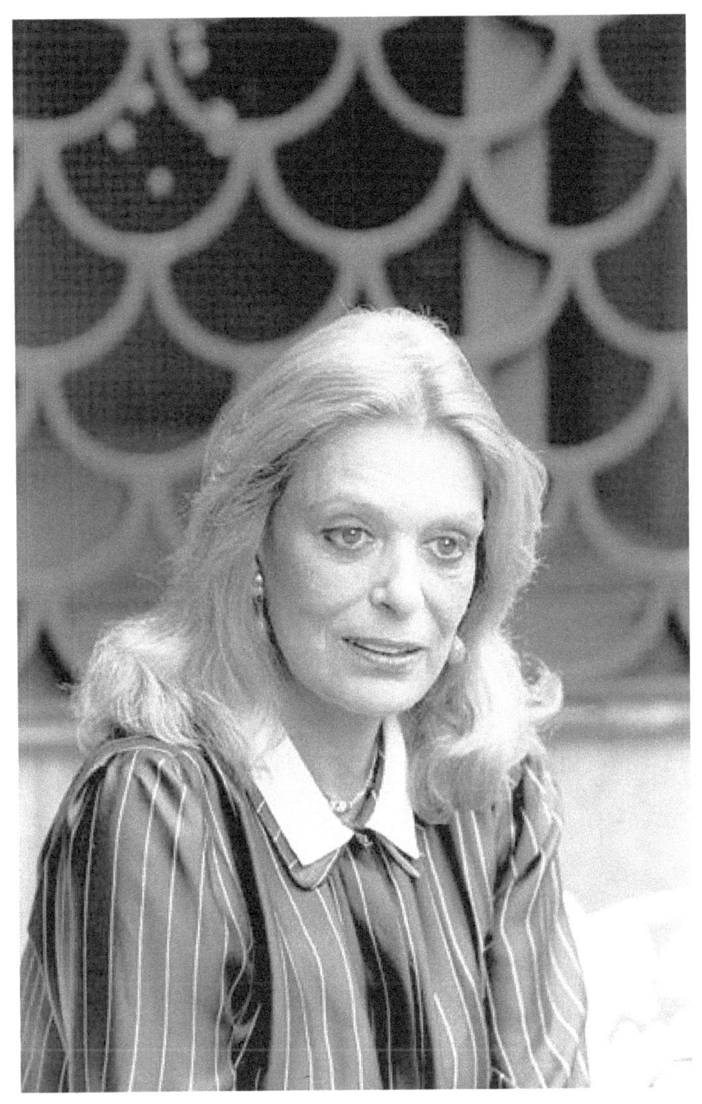

Melina Mercouri (1920–1994)

Ernst Probst

Melina Mercouri

Der Star
aus „Sonntags ... nie!“

Beate Werner,
Bernd Werner,
Marianne Werner,
Otto Werner,
Sonja Werner,
Dr. Jochen Werner,
Christine Werner und
Steffen Werner
gewidmet

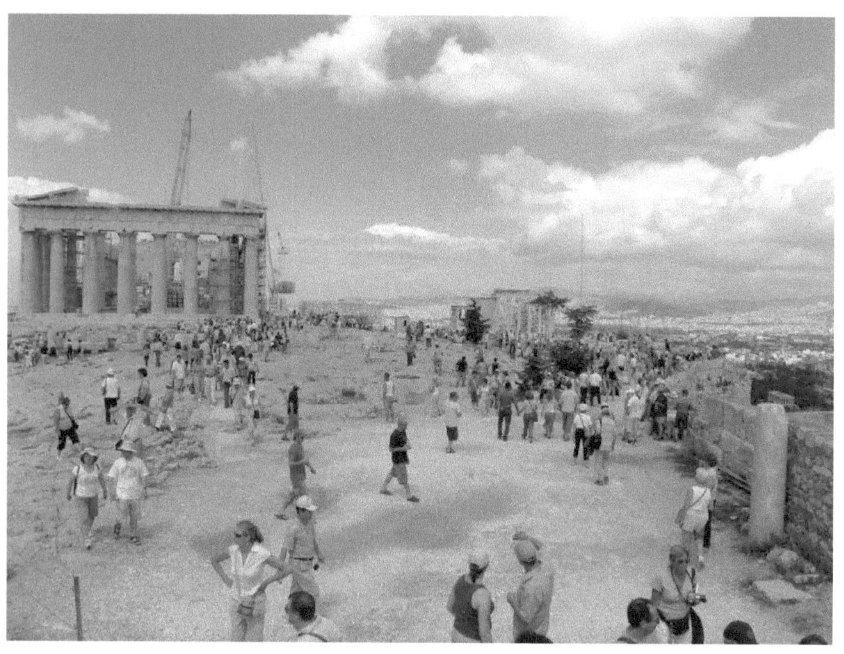

Akropolis in Athen,
der Geburtsstadt von Melina Mercouri

Melina Mercouri

Der Star aus „Sonntags ... nie!"

Eine der berühmtesten griechischen Schauspiele-rinnen und Chansonsängerinnen war Melina Mer-couri (1920–1994), eigentlich Maria Amalia Mercouri. Wenn ihr Name fällt, denkt man vor allem an ihren Film „Sonntags ... nie!" und an ihr Lied „Ich bin ein Mädchen von Piräus" von 1959. Von 1967 bis 1974 be-kämpfte Melina Mercouri (nach anderer Schreibweise auch „Merkouris") sieben Jahre lang die Militärdiktatur in Griechenland. In den 1980-er und 1990-er Jahren bekleidete die „Jeanne d'Arc Griechenlands" das Amt der Kulturministerin.

Maria Amalia Mercouri kam am 18. Oktober 1920 als erstes Kind des Abgeordneten Stamatis Mercouri (1895–1967) und seiner Ehefrau Irini (auch Eirini) Mercouri, geborene Lappa, in der griechischen Hauptstadt Athen zur Welt. Ihre großbürgerliche Familie war sehr ange-sehen. In manchen Biografien heißt es, Melina sei erst 1925 geboren worden. Dies beruht darauf, dass sie sich später um fünf Jahre jünger machen wollte. Aus diesem Grund differieren oft die Angaben über ihr Alter.

In den ersten Lebensjahren wohnte die kleine Melina im Haus ihres Großvaters väterlicherseits, des Arztes

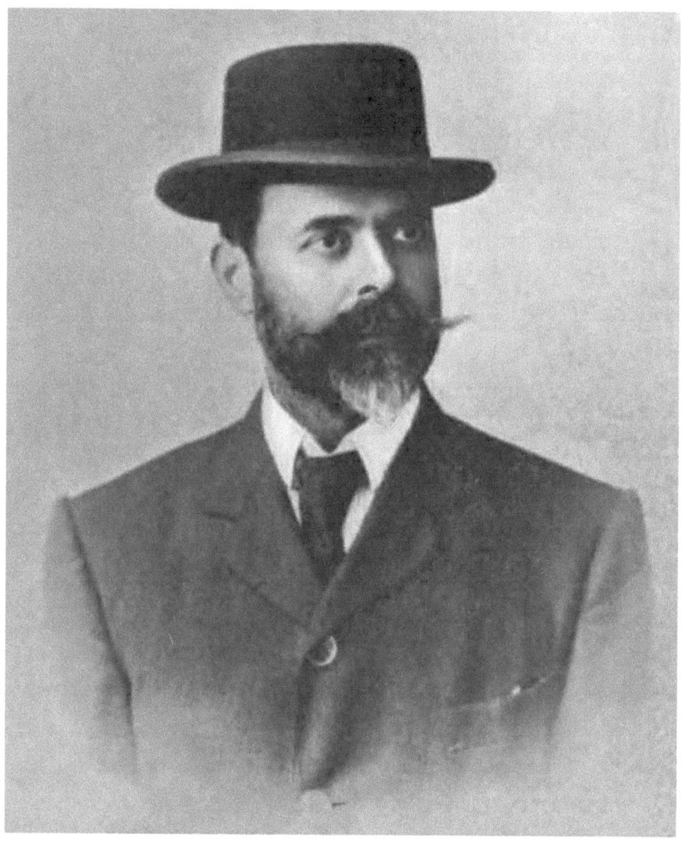

Spyros Mercouri (1856–1939),
der Großvater väterlicherseits von Melina Mercouri

Spyros Mercouri (1856–1939). Dieser war von 1899 bis 1914 und von 1929 bis 1932 Bürgermeister von Athen. Von 1917 bis 1920 lebte er auf Korsika im Exil. Ihn nannte Melina später „Großer Spyros" (nach anderer Schreibweise auch „Spiros" oder „Spyridon). Der Großvater liebte seine Enkelin und verwöhnte sie sehr. Für ihn war sie seine „kleine Königin". Ihm verdankte sie ihren Vornamen „Melina". Er führte sie als Kind ins Theater, wo sie von den Schauspielern fasziniert war. Als ähnlich imposante Erscheinung wie der Großvater wird Stamatos Mercouri, der Vater von Melina, beschrieben. Im Laufe seines Lebens war er Offizier, Abgeordneter im Parlament und Minister. Er verließ die Mutter von Melina wegen einer Schauspielerin ausgerechnet zu dem Zeitpunkt, als diese ihren Sohn Spyros erwartete. Spyros, der 1926 geborene jüngere Bruder von Melina, erhielt den Vornamen des Großvaters. Obwohl der Großvater selbst viele Affären hatte, sprach er fortan nicht mehr mit seinem Sohn.
Über den Großvater väterlicherseits und den Vater von Melina Mercouri findet man in der Literatur sehr widersprüchliche Angaben. Beispielsweise wird der Großvater als führender Widerständler gegen die deutschen Besatzer in Griechenland geschildert, obwohl er bereits 1939 gestorben ist und erst im April 1941 deutsche Panzer über griechische Grenzpässe ratterten. Auch das Todesjahr von Großvater und Vater sind zuweilen falsch.

Was nach der Trennung der Eltern von Melina geschah, wird in der Literatur unterschiedlich geschildert. Nach einer oft zu lesenden Version lebte Melina danach bei ihrem Großvater väterlicherseits, dessen Haustüre immer offen für Gäste war. Nach einer anderen Version zog Irini Lappa nach der Trennung von ihrem Gatten mit ihrer Tochter Melina zu ihrer Mutter. Über diesen Umzug soll Melina sehr unglücklich gewesen sein. Denn das Leben bei der Großmutter mütterlicherseits erschien ihr angeblich streng und trist. Der Großvater mütterlicherseit hieß Dimitris Lappa (1859–1934)
Auch die Großmutter väterlicherseits namens Amalia Mercouri erlitt das selbe traurige Schicksal wie ihre Schwiegertochter Irini Lappa. Denn ihr gut aussehender Gatte Spyros Mercouri, der ein Frauentyp und Charmeur war, verliebte sich im fortgeschrittenen Alter in eine andere Frau und verließ seine Gattin. Sowohl die Mutter als auch die Großmutter väterlicherseits sprachen mit Melina offen über die Untreue ihrer Ehemänner und bezogen sie in ihren Kummer mit ein. Früh entschloss sich Melina, später auf keinen Fall eine so entwürdigende Frauenrolle hinzunehmen. Früh hasste sie auch die traditionelle Rolle einer Frau als Hausfrau und Mutter.
Die tiefe Zuneigung zu ihrem Großvater Spyros Mercouri prägte den Charakter von Melina mehr als alle anderen Beziehungen in ihrer Kindheit. Da sie früh die Rolle des Lieblings eines von allen verehrten, mächtigen Mannes war, wurde sie einerseits selbstsicher und

eigenwillig, andererseits aber abhängig von Liebe und Bewunderung.

In der Schule war Melina unbeugsam. Sie sah es nicht ein, sich dem Lehrpersonal fügen zu müssen. Zudem konnte sie nicht stillsitzen und fühlte sich vom Lernen gelangweilt. Mit elf Jahren rauchte sie ihre erste Zigarette. Weil sie den Unterricht häufig schwänzte, ständig von der Schauspielerei schwärmte und oft kleine Aufstände machte, flog sie wiederholt von Privatschulen und landete schließlich in einem öffentlichen Gymnasium.

Ohne den Einfluss ihres Großvaters Spyros Mercouri hätte Melina vermutlich ihr Abschlussexamen gar nicht geschafft. Am Tag der Abschlussprüfung wurde Melina allein in eine Schulbank gesetzt, wo sie von niemand abschreiben konnte. Eine Professorin, die gegen Melina eine Abneigung hatte, stellte sich schon vor sie hin und sagte „Aha Mercouri, du weißt nichts!“. Daraufhin rannten Tränen der Verzweiflung über die Wangen von Melina. Pötzlich kam aber unerwartete Hilfe. Zwei der Leibwächter des Großvaters von Melina klopften an ein Fenster, lächelten der Professorin zu und spielten danach mit ihren Pistolen. Melina bestand die Prüfung, bekam ihr Diplom und verstand damals, was Macht bedeutete, wofür sie sich später schämte.

Im Alter von angeblich 14 Jahren verliebte sich Melina in den jungen und attraktiven Schauspieler Jorgos Pappas. Jeden Tag erbettelte sie auf der Straße mit kleinen

Schwindeleien das Eintrittsfeld für die Abendvor-
stellung, stahl sich mit Lügen von zuhause weg und saß
in der ersten Reihe des Theaters, um den An-gebeteten
beim Auftritt zu sehen. Zudem bombardierte sie ihren
Schwarm mit Anrufen und verfolgte ihn bis zu seiner
Wohnung. Irgendwann soll Pappas das Mädchen in der
ersten Reihe mit der Zahnspange um ein Rendezvous
gebeten haben. Doch davon erfuhr die Familie von
Melina und verdächtigte sie, mit Pappas geschlafen zu
haben. Sie bestritt diesen Vorwurf, war tief verletzt über
das mangelnde Vertrauen ihrer Familie, vor allem ihres
Großvaters Spyros, und warf sie sich theatralisch vor
ein Auto. Bei dieser selbstmörderischen Reaktion erlitt
sie nur einige Quetschungen. Viel mehr als dies
schmerzte sie der Bruch mit ihrem Großvater.
Der unüberlegte Sprung vor das Auto war nicht war
nicht die letzte Aktion, bei der Melina ihrem ausgeprägten
Hang zu Thetralik nachgab. Im Laufe ihres Lebens
versuchte sie noch öfter, ihre Wünsche mit Tränen-
ausbrüchen, Wutanfällen oder dramatischen Auftritten
durchzuboxen.
Im September 1938 meldete sich Melina Mercouri
heimlich zur Aufnahmeprüfung für die Schauspielschule des Nationaltheaters in Athen an und bestand
diese mit Bravour. Darüber war ihre Familie verärgert.
Zusammen mit ihrem Lehrer Dimitris Rondiris (1899–
1981) erarbeitete Melina drei Jahre lang Tragödien, unter
denen solche aus Griechenland überwogen.

Hals über Kopf verliebte sich Melina Mercouri in den reichen griechischen Geschäftsmann Pan Characopos (auch Panayitis Harakoipos) und brannte mit ihm durch. Er gefiel ihr vor allem, weil er unkonventionell und skandalumwittert war. Im Winter 1939 oder 1941 heiratete sie ihn. Im Haus ihres Ehemannes fanden etliche Leute, die Melina Mercouri nahe standen, Unterschlupf. Einer davon war ihr Bruder Spyros.

Pan Characopos ließ seiner jungen Gattin viele Freiheiten und förderte ihren Wunsch, Schauspielerin zu werden. Nach bestandenem Examen an der Schauspielschule debütierte die 1,69 Meter große, blonde und grünäugige Melina Mercouri 1944 in Athen in einem avantgardistischen Stück von Alexis Solomos. In der Kritik darüber hieß es, sie sei zu groß, zu jung, zu blond, ungeschickt, talentlos. Anfangs lispelte Melina noch. Ihre vorstehenden Zähne ließ sie erst später richten. Es folgten kurze Auftritte in der Provinz und ihr erstes Engagement am „Griechischen Nationaltheater" in Athen.

1947 wollte Melina Mercouri in dem Theaterstück „Endstation Sehnsucht" die Rolle der Blanche de Bois spielen. Doch ihr Lehrer Dimitris Rondiris war strikt dagegen, weil er sie zur großen klassischen Tragödin machen wollte. Nach einer heftigen Auseinandersetzung rannte Melina davon und wollte sich vor eine Straßenbahn stürzen. Doch ihr Lehrer verfolgte sie, packte sie am Ärmel und erlaubte ihr danach, die Rolle der Blanche de Bois zu mimen, die als eine ihrer ersten großen Erfolge am Theater gilt.

Die ehrgeizige Melina Mercouri wollte 1949 auch Paris erobern. Dort konnte sie die Dramatiker Marcel Achard (1899–1974) und Jacques Deval (1895–1972) von ihrem schauspielerischen Talent überzeugen. Mit Bravour spielte sie später in dem Stück „Le Moulin de la Galette", das ihr Achard gewidmet hatte.

Obwohl sie von der Avantgarde in Frankreich anerkannt wurde, zog es Melina Mercouri in ihr Heimatland Griechenland zurück.In dem griechischen Film „Stella" (1955) unter Regie von Michael Cacoyannis (1922–2011), nach anderer Schreibweise auch Michalis Kakogiannis, gab Melina ihr Debüt auf der Kinoleinwand. Darin spielte sie eine Sängerin, die jeden Abend ihr Publikum in einer Bar im Hafen von Piräus begeistert und ihre Liebe lebte. „Stella" erhielt den Preis der amerikanischen Filmkritik für den besten ausländischen Film des Jahres. 1955 lud man Melina Mercouri zu den Filmfestspielen in Cannes ein. Dort hätte sie für ihre überzeugende Rolle in „Stella" fast den Preis der besten Schauspielerin gewonnen. Aber die Jury konnte sich zwischen ihr und einer ame-rikanischen Schauspielerin nicht entscheiden und verzichtete auf die Verleihung der Auszeichnung. Durch Zufall geriet damals in Cannes der neun Jahre ältere amerikanische Regisseur Jules Dassin (1911–2008) in die Vorstellung des Films „Stella" und war hingerissen von Melina Mercouri. Bereits bei ihrer ersten Begegnung hatten die Beiden das Gefühl, sie gehörten zusammen. Einige Wochen später sah Melina den verheirateten Regisseur, der einen Sohn und zwei Töchter hatte, die er sehr liebte, wieder. Dabei erkannte sie: Er war der Mann ihres Lebens.

Bei den Filmfestspielen in Cannes wurde Melina Mercouri von Jules Dassin eine Rolle in einem Film angeboten und sie sagte zu. Dieser Streifen trug den Titel „Celvia qui doit mourir" („Der Mann, der sterben muss", 1956) und war finanziell nicht besonders erfolgreich. Es folgte der Film „The Gypsy and the Gentleman" („Dämon Weib", 1957) unter der Regie von Joseph Losey (1909–1984), der angeblich eine schwache Kostümkolportage war.

1957 zog Melina Mercouri erneut nach Paris, wo sie unter dem Regisseur Jules Dassin arbeitete. Damals erklärte sie in einem Interview, sie liebe die Kamera und sei süchtig nach ihr, aber wenn sie nicht Schauspielerin wäre, würde sie gerne Politikerin sein.

Der zweite gemeinsame Film von Melina Mercouri und Jules Dassin hieß „La Loi" („Wo der heiße Wind weht", 1958). In diesem Streifen trat Melina zusammen mit der italienischen Schauspielerin Gina Lollobrigida und dem französischen Schauspieler Yves Montand (1921–1991) auf.

1959 wurde die Ehe von Melina Mercouri mit Pan Characopus offiziell geschieden. Die Beiden waren zuvor schon etliche Jahre getrennt.

Jules Dassin hat das Leben von Melina Mercouri entscheidend verändert. Unter seiner Regie konnte sie als Schauspielerin zeigen, was sie an Gefühl und Ausdruck hatte. Von ihm lernte sie auch Disziplin und Verantwortung und wurde von seinen politischen Ansichten beeinflusst.

Zu Weltruhm gelangte Melina Mercouri durch den Film „Never on Sunday" (griechisch „Pote tin Kyriaki", deutsch „Sonntags ... nie!", 1959) unter der Regie von Jules Dassin. Die Idee zu diesem Werk verdankte Dassin seiner späteren Schwiegermutter.

In „Sonntags ... nie!" lernt der amerikanische Tourist und Amateurphilosoph Homer Thrace (gespielt von Jules Dassin) in Piräus die Prostituierte Ilya (Melina Mercouri) kennen und lieben. Homer will Ilya zum ordentlichen Leben bekehren und bilden. Ilya gibt ihr Gewerbe probeweise auf und Homer bringt ihr klassische Literatur näher. Als Ilya erfährt, dass Homer vom Zuhälterkönig Noface, der Prostituierte mit hohen Mieten ausbeutet, Geld erhält, packt sie die Wut. Sie zettelt einen Streik der Straßenmädchen an, die gegen ihren Zuhälter aufbegehren und Matrosen mit Matratzen und Bettgestellen in die Flucht schlagen. Damit wird eine Halbierung der Mieten erkämpft. Als Ilya in ihrem Stammlokal diesen Sieg feiert, trifft sie dort Homer, der erkennt, dass Freude am Leben wichtiger ist als philosophische Erkenntnisse. Ilya kehrt zu ihren Freunden zurück, Homer in seine Heimat USA.

Im Film „Sonntags ... nie!" sang Melina Mercouri als herbschönes Hafenmädchen Ilya mit heiserer Stimme das Lied „Ich bin ein Mädchen aus Piräus". Der von Manos Hadjidakis (1925–1994) komponierte Titelsong „Never on Sunday" („Ein Schiff wird kommen") erhielt die Auszeichnung für die beste Filmmusik. Für ihre Rolle in „Sonntags ... nie!" erntete Melina Mercouri die „Goldene Palme" als beste Schauspielerin und eine Nominierung für den „Oscar" als beste weibliche Hauptdarstellerin. Ab 1960 lebte die geschiedene Melina mit Jules Dassin zusammen.

„Es war mein schönster Film", sagte Melina Mercouri später über „Sonntags ... nie!". Dieser Streifen änderte auch ein wenig ihr Leben: Seitdem trug sie eine Uhr, zählte die Zigaretten, die sie pro Tag rauchte und hielt ihre Verabredungen pünktlich ein. Ab „Sonntags ... nie!" wurde 1925 als Geburtsjahr von Melina angegeben, was in vielen Biografien über sie bis heute einige Verwirrung anrichtete.

Im Kostümfilm „Vive Henri IV, vive l'amour" („Das Bett des Königs", 1961) unter der Regie von Claude Antant-Lara (1901–2000) spielte Melina Mercouri die Rolle der Königin Maria von Medici (1573–1642). Deren Gemahl König Heinrich IV. (1553–1610) von Frankreich versucht in dieser mittelmäßigen Komödie, eine junge Adelige zu seiner Geliebten zu machen, indem er sie eine Scheinehe mit seinem Neffen eingehen lässt.

Nach ihrem Welterfolg mit „Sonntags nie!" durfte
Melina Mercouri in weiteren Großproduktionen mit-
wirken. Erfolge feierte sie unter anderem in „Phaedra"
(1962) mit Musik von Mikis Theodorakis, in „Topkapi"
(1964), in „Heißes Pflaster Chicago", 1969) und
„Promise at Dawn" („Versprechen in der Dämme-
rung", 1970).
In der Filmkomödie „Topkapi" trat Melina Mercouri
als reiche Amerikanerin Elizabeth Lipp neben Peter
Ustinov (1921–2004) auf. Das „Lexikon des inter-
nationalen Films" urteilte hierüber: „Unterhaltsame
Mischung aus Kriminalkomödie und Selbstpersiflage
nach dem Muster von „Rififi", das sich zwar merklich
abgenutzt hat, aber dank der gut aufgelegten Darsteller
immer noch Vergnügen bereitet".
1966 schloss Melina Mercouri mit dem Regisseur Jules
Dassin, den sie inzwischen bereits mehr als ein Jahrzehnt
kannte, ihre zweite Ehe. Diese Verbindung hielt bis zum
Tod von Melina.
Am 21. April 1967 übernahm eine Militärjunta, angeführt
von den Obristen Georgios Papadopulos (1919–1999)
und Stylianos Pattakos gewaltsam die Macht in
Griechenland. Als Melina Mercouri die Nachricht von
diesem Militärputsch in ihrem Heimatland hörte, spielte
sie gerade in dem Musical „Illya Darling", einer Musical-
Adaption von „Sonntags ... nie!", am Broadway in New
York City. Als sie aus der Ferne erfuhr, wie brutal das
Regime vorging, entschloss sie sich dazu, zu dieser

Diktatur nicht zu schweigen und den Kampf gegen sie aufzunehmen.

Nach jeder Vorstellung von „Ilya Darling" sang Melina Mercouri das Lied „Zorbas" des griechischen Komponisten und Politikers Mikis Theodorakis als Bekenntnis zur Freiheit. Theodorakis war sofort in den Untergrund gegangen und hatte zwei Tage später einen Aufruf zum Widerstand veröffentlicht. Am 1. Juni 1967 hat man seine Musik, den Besitz seiner Platten sowie das Singen und Hören seiner Lieder unter Androhung von Gefängnishaft verboten. Theodorakis wurde am 21. August 1967 verhaftet, Ende Januar 1968 aus dem Gefängnis entlassen, im August 1968 ins Bergdorf Zatouna verbannt, Ende 1969 ins Konzentrationslager Oropos überführt und im April 1970 ins Exil nach Frankreich entlassen. Für ihn hatten sich viele Prominente im Ausland eingesetzt.

Der Kampf gegen die griechischen Obristen war für Melina Mercouri nicht ungefährlich. Eines Morgens um vier Uhr früh wurde sie 1967 durch den Telefonanruf eines Journalisten der englischen Zeitung „Evening Standard" geweckt. Er machte ihr die betrübliche Mitteilung, der griechische Innenminister Pattakos habe sie zum Staatsfeind erklärt. Die Militärjunta entzog ihr damals die griechische Staatsbürgerschaft und konfiszierte ihren Besitz. Nur einen kurzen Augenblick verschlug es ihr die Sprache, dann aber sagte sie etwas, was um die Welt ging: „Ich bin als Griechin geboren

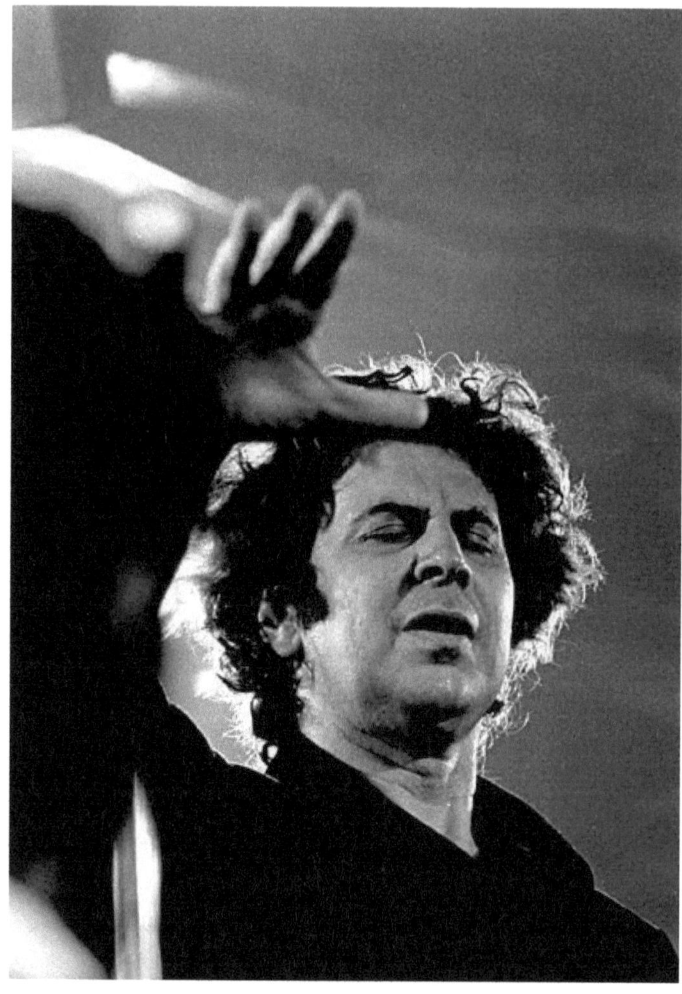

Komponist und Politiker Mikis Theodorakis

und werde als Griechin sterben. Herr Pattakos ist als Faschist geborgen. Er wird als Faschist sterben".

Von 1967 bis 1974 lebte Melina Mercouri in Frankreich im Exil. Ihr Vater Stamatis Mercouri starb wenige Monate nach dem Militärputsch in Griechenland am 6. Juli 1967 in London an Krebs und wurde in der britischen Hauptstadt beigesetzt.

Mit Unterstützung ihres Bruders Spyros, der ihre Tourneen organisierte, unternahm Melina Mercouri einen Propagandafeldzug gegen die Diktatur in Griechenland. Zunächst trat sie in den USA auf, ab 1968 in Europa. Außerdem schloss sie sich der Widerstandsbewegung „Pan-Hellenistische Befreiungsbewegung" („APK") an, die der Ex-Politiker Andreas Papandreou (1919–1996) gegründet hatte, und unterstützte diese finanziell aus ihren Einnahmen für Konzerte, Plattenaufnahmen und Filmen.

1969 wäre Melina Mercouri in der italienischen Hafenstadt Genua beinahe von einer Bombe, die unter ihrem Rednerpult lag, zerfetzt worden. Danach stellte man sie unter Polizeischutz. 1971 erschien in London ihre Autobiografie „I Was Born Greek" („Ich bin als Griechin geboren"). 1972 durften Melina und ihr Bruder Spyros für sechs Stunden nach Griechenland einreisen, um dem Begräbnis ihrer Mutter, die inzwischen Irini Eliopoulos hieß, beizuwohnen.

48 Stunden nach dem Zusammenbruch der Militärdiktatur in Griechenland im Juli 1974 kehrte Melina

Mercouri ohne Pass, aber in Begleitung ihres Ehemannes Jules Dassin, nach Athen zurück. Dort schloss sie sich der von Andreas Papandreou gegründeten „Panhellenischen Sozialistischen Bewegung" („PASOK") an. Mutig protestierte sie in ihrem Wahlkreis Piräus, der „problematischsten Kommune Griechenlands", gegen verpestete Luft, schlechte Schulen, katastrophale hygienische Zustände und grassierende Hepatitis (Leberentzündung). 1974 produzierte sie auch den Film „The Rehearsal" („Die Probe") über den Athener Studentenaufstand vom November 1973.

Kämpfen war für Melina Mercouri eine Selbstverständlichkeit. Zum Beispiel stand sie in vorderster Reihe der Protestierenden, die sich jenen Tankwagen entgegenstellten, die Unmengen von Kot und Dreck Athens in den Slum transportierten, um ihn von einem Auffangbecken aus ungeklärt ins Mittelmeer fließen zu lassen. Dabei wurde sie sogar von einem Polizisten geschlagen.

Bei den Parlamentswahlen im November 1974 kandidierte Melina Mercouri erfolglos für das Hafen- und Arbeiterviertel Piräus. Den ersten Anlauf ins Parlament verfehlte sie um nur wenige Stimmen. Erst bei den nächsten Wahlen im November 1977 gelang ihr der Einzug ins Parlament. Dort stellte sie die Kleiderordnung auf den Kopf, als sie im eleganten Hosenanzug in Plenum erschien, und wurde manchmal von ihren Fans auf den Schultern getragen.

Die Filmografie von Melina Mercouri im Online-Lexikon „Wikipedia" erwähnt insgesamt 23 Titel. Ihr letzter Film hieß „A Dream of Passion" („Traum einer Leidenschaft", 1978). In diesem Streifen unter der Regie von Jules Dassin stellte Melina eine Bühnenschauspielerin namens Maya dar. Jene verkörperte die Rolle der Medea in der antiken Tragödie von Euripides. Zur Handlung dieses Films gehört, dass während der Proben ein dramatisches Ereignis großes Aufsehen erregte: Wie in der Tragödie tötete eine Frau ihre Kinder aus Rache, weil sie von ihrem Ehemann verlassen wurde. Die Schauspielerin Maya suchte die vom Wahnsinn Gezeichnete im Gefängnis auf.

Andreas Papandreou berief Melina Mercouri von 1981 bis 1989 sowie von 1993 bis 1994 als Kulturministerin in sein Kabinett. 1982 erregte sie bei der „UNESCO-Weltkonferenz" in Mexiko-City großes Aufsehen, als sie vom „Britischen Museum in London" die Rückgabe des Parthenon-Frieses („Elgin Marbles") aus Athen forderte. Ihr Antrag wurde mit großer Mehrheit angenommen, weil lateinamerikanische, asiatische und afrikanische Länder den Westen als „imperialistischen Räuber" heimischer Kunstschätze betrachteten.

In ihren Anfangsjahren als Ministerin fuhr Melina Mercouri wild hupend mit ihrem betagten rot-gelben Jeep zur Arbeit, später ließ sie sich im dunkelblauen Mercedes chauffieren. Wenn etwas im Ministerium nicht

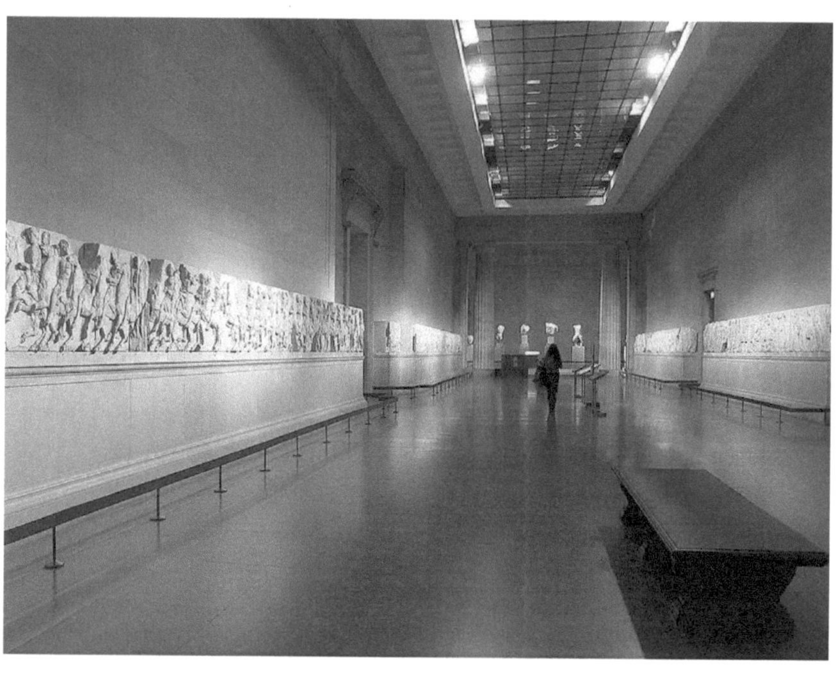

Parthenon-Fries („Elgin Marbles")
im „Britischen Museum in London"

so lief, wie sie wollte, wurde die früher so heiter wirkende Künstlerin gelegentlich zur hysterischen Medea. Sie konnte bei keinem Problem, mit dem man sie konfrontierte, eine passive Haltung einnehmen.

Als Kulturministerin gelang es Melina Mercouri, ihren französischen Ministerkollegen Jack Lang für ihre Idee einer jährlich wechselnden „Europäischen Kulturhauptstadt" zu begeistern. Zu ihrer großen Freude wurde Athen 1985 die erste „Europäische Kulturhauptstadt".

Es heißt, Melina Mercouri habe in ihrem Leben nur vor wenigen Dingen Angst gehabt. Dazu gehörten das Alleinsein und der Verlust der Nähe von Menschen. Als sie erstmals erfuhr, dass sie an Lungenkrebs litt, hatte sie angeblich keine Angst vor dieser schweren Krankheit, sondern dass man sie nun nicht mehr liebe.

1989 wurde Melina Mercouri, die eine starke Raucherin war, erstmals wegen Lungenkrebs operiert. 1990 kandidierte sie für das Amt der Bürgermeisterin in Athen und verlor knapp.

Am 6. März 1994 starb Melina Mercouri im Alter von 73 Jahren nach einer Operation im „Memorial-Hospital" in New York City. Nach ihrem Tod gab es eine viertägige Staatstrauer in Griechenland. Am Trauerzug durch Athen beteiligten sich eine Million Menschen. Das Grab von Melina befindet sich auf dem „Ersten Athener Friedhof".

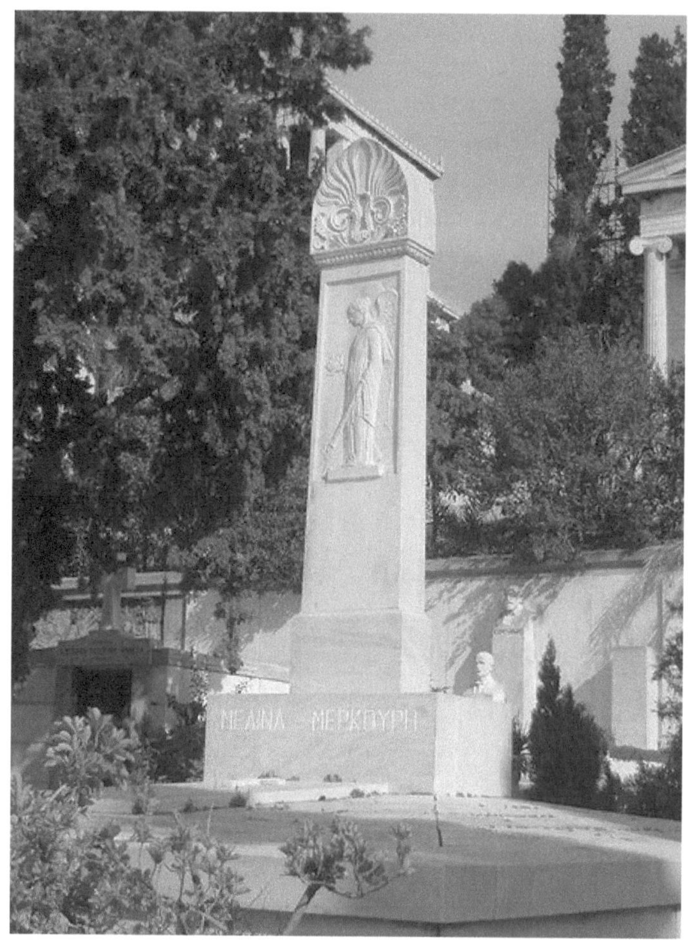

*Grab von Melina Mercouri
auf dem „Ersten Athener Friedhof"*

Der Witwer Jules Dassin gründete die „Melina-Mercouri-Foundation". Diese hält das Andenken und Visionen der Schauspielerin, Sängerin und Politikerin Melina Mercouri wach. Ende der 1990-er Jahre wurde erstmals der „Melina-Mercouri-Preis für die Bewahrung der Kulturlandschaften" verliehen. Jules Dassin überlebte seine Gattin um 14 Jahre. Er starb am 31. März 2008 an den Folgen eines Hüftgelenksbruches und einer anschließenden Grippeerkrankung im Alter von 96 Jahren in einem Athener Krankenhaus. Seinem Wunsch entsprechend setzte man ihn neben dem Grab von Melina Mercouri bei.

Literatur

ELIAS, Gabriela: Melina Mercouri. Biographie eines
Weltstars, Wien 1995
FEMBIO Frauen-Biographie-Forschung
http://www.fembio.org
FRANKFURTER ALLGEMEINE ZEITUNG: Die
Medea aus Piräus. Ein Besuch bei Melina Mercouri, der
griechischen Kulturministerin, 4. April 1986, Frankfurt
am Main
HEINZLMEIER, Adolf / SCHULZ, Bernd /
WITTE, Karsten: Die Unsterblichen des Kinos, Band
2, Glanz und Mythos der Stars der 40er und 50er Jahre,
Frankfurt am Main 1980
INTERNET MOVIE DATABASE
http://www.imdb.com
MERCOURI, Melina: Ich bin als Griechin geboren,
Berlin 1971
PROBST, Ernst: Superfrauen 7 – Film und Theater,
Mainz-Kostheim 2001
PUBLIKUMSLIEBLINGE NICHT NUR VON
GESTERN http://www.steffi-line.de
WIKIPEDIA (Online-Lexikon) http://wikipedia.org

Bildquellen

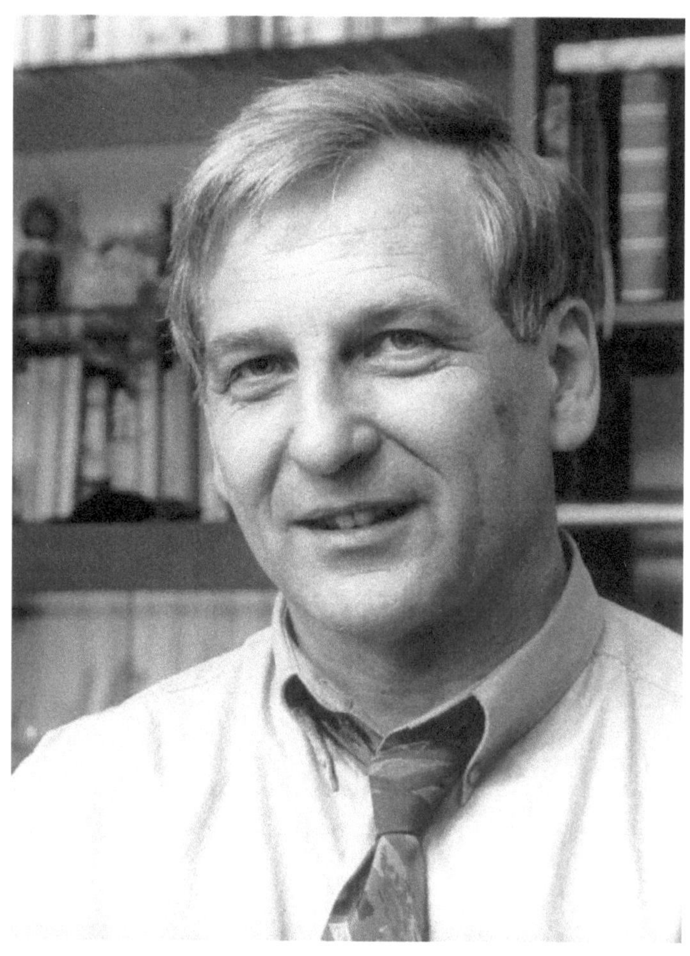

Autor Ernst Probst

Der Autor Ernst Probst

Ernst Probst, geboren am 20. Januar 1946 in Neunburg vorm Wald im bayerischen Regierungsbezirk Oberpfalz, ist Journalist und Wissenschaftsautor. Er arbeitete von 1968 bis 1971 als Redakteur bei den „Nürnberger Nachrichten", von 1971 bis 1973 in der Zentralredaktion des „Ring Nordbayerischer Tageszeitungen" in Bayreuth und von 1973 bis 2001 bei der „Allgemeinen Zeitung", Mainz. In seiner Freizeit schrieb er Artikel für die „Frankfurter Allgemeine Zeitung", „Süddeutsche Zeitung", „Die Welt", „Frankfurter Rundschau", „Neue Zürcher Zeitung", „Tages-Anzeiger", Zürich, „Salzburger Nachrichten", „Die Zeit", „Rheinischer Merkur", „Deutsches Allgemeines Sonntagsblatt", „bild der wissenschaft", „kosmos", „Deutsche Presse-Agentur" (dpa), „Associated Press" (AP) und den „Deutschen Forschungsdienst" (df). Aus seiner Feder stammen die Bücher „Deutschland in der Urzeit" (1986), „Deutschland in der Steinzeit" (1991), „Rekorde der Urzeit" (1992), „Dinosaurier in Deutschland" (1993 zusammen mit Raymund Windolf) und „Deutschland in der Bronzezeit" (1996). Von 2001 bis 2006 betätigte sich Ernst Probst als Buchverleger sowie zeitweise als internationaler Fossilienhändler und Antiquitätenhändler. Insgesamt veröffentlichte er rund 200 Bücher, Taschenbücher, Broschüren und E-Books.

Bücher von Ernst Probst

(Auswahl)

Als Mainz noch nicht am Rhein lag

Annie Oakley
Die Meisterschützin des Wilden Westens

Archaeopteryx. Der Urvogel
aus Bayern

Christl-Marie Schultes. Die erste Fliegerin in Bayern
(zusammen mit Theo Lederer)

Cortés und Malinche. Der spanische Eroberer
und seine indianische Geliebte

Der Europäische Jaguar

Der Mosbacher Löwe
Die riesige Raubkatze aus Wiesbaden

Der Rhein-Elefant
Das Schreckenstier von Eppelsheim

Der Schwarze Peter
Ein Räuber im Hunsrück und Odenwald

Der Ur-Rhein
Rheinhessen vor zehn Millionen Jahren

Deutschland im Eiszeitalter

Deutschland in der Frühbronzezeit

Deutschland in der Mittelbronzezeit

Deutschland in der Spätbronzezeit

Die Aunjetitzer Kultur in Deutschland

Die Straubinger Kultur in Deutschland

Die Singener Gruppe

Die Arbon-Kultur in Deutschland

Die Ries-Gruppe und die Neckar-Gruppe

Die Adlerberg-Kultur

Der Sögel-Wohlde-Kreis

Die nordische Bronzezeit in Deutschland

Die Hügelgräber-Kultur in Deutschland

Die ältere Bronzezeit in Nordrhein-Westfalen

Die Bronzezeit in der Lüneburger Heide

Die Stader Gruppe in der Bronzezeit

Die Oldenburg-emsländische Gruppe

Die Urnenfelder-Kultur in Deutschland

Die ältere Niederrheinische Grabhügel-Kultur

Die Unstrut-Gruppe

Die Helmsdorfer Gruppe

Die Saalemündungs-Gruppe

Die Lausitzer Kultur in Deutschland

Die Dolchzahnkatze Megantereon

Die Dolchzahnkatze Smilodon

Die Säbelzahnkatze Homotherium

Die Säbelzahnkatze Machairodus

Die Schweiz in der Frühbronzezeit

Die Rhône-Kultur in der Westschweiz

Die Arbon-Kultur in der Schweiz

Die Schweiz in der Mittelbronzezeit

Die Schweiz in der Spätbronzezeit

Dinosaurier von A bis K. Von Abelisaurus
bis zu Kritosaurus

Dinosaurier von L bis Z. Von Labocania
bis zu Zupaysaurus

Eiszeitliche Geparde in Deutschland

Eiszeitliche Leoparden in Deutschland

Frauen im Weltall

Hildegard von Bingen. Die deutsche Prophetin

Höhlenlöwen. Raubkatzen
im Eiszeitalter

Julchen Blasius
Die Räuberbraut des Schinderhannes

Katharina II. die Große.
Die Deutsche auf dem Zarenthron

Johann Jakob Kaup
Der große Naturforscher aus Darmstadt

Königinnen der Lüfte in Deutschland

Königinnen der Lüfte in Europa

Königinnen der Lüfte in Amerika

Königinnen der Lüfte von A bis Z

Rund 70 Kurzbiografien berühmter Fliegerinnen,
Ballonfahrerinnen, Luftschifferinnen, Fallschirm-
springerinnen, Astronautinnen und Kosmonautinnen

Königinnen des Films

Königinnen des Tanzes

Königinnen des Theaters

Malende Superfrauen
Meine Worte sind wie die Sterne

Die Entstehung der Rede des Häuptlings Seattle
(zusammen mit Sonja Probst)

Monstern auf der Spur
Wie die Sagen über Drachen, Riesen
und Einhörner entstanden

Neues vom Ur-Rhein
Interview mit dem Geologen und Paläontologen
Dr. Jens Sommer

Österreich in der Frühbronzezeit

Österreich in der Mittelbronzezeit

Österreich in der Spätbronzezeit

Pompadour und Dubarry. Die Mätressen
von Louis XV.

Raub-Dinosaurier von A bis Z.
Mit Zeichnungen von Dmitry Bogdanav
und Nobu Tamura

Zenobia von Palmyra.
Eine Frau kämpft gegen die Römer

Bestellungen bei: http://www.grin.com